FACULTÉ DE DROIT DE PARIS.

THÈSE
POUR LA LICENCE.

Paris.

IMPRIMERIE ED. PROUX ET C°, RUE NEUVE-DES-BONS-ENFANTS, 3.

1849

FACULTÉ DE DROIT DE PARIS.

THÈSE
POUR LA LICENCE.

L'acte public sur les matières ci-après, sera soutenu
le samedi 25 août 1849, à midi.

Par Marie-Charles-Eugène COLLARDEAU DUHEAUME,
Né à Givet (Ardennes.)

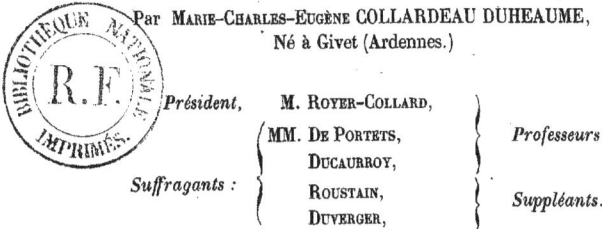

Président,   M. Royer-Collard,

MM. De Portets,   *Professeurs.*
      Ducaurroy,

Suffragants :   Roustain,   *Suppléants.*
      Duverger,

Le candidat répondra en outre aux questions qui lui seront faites
sur les autres matières de l'enseignement.

PARIS.
IMPRIMERIE ÉD. PROUX ET Ce, RUE NEUVE-DES-BONS-ENFANTS, 3.

1849

A MON PÈRE, A MA MÈRE.

JUS ROMANUM.

DE COLLATIONE BONORUM.

(Digeste, lib. 37, tit. 6.)

Quum prœtor jure sanguinis motus antiquam legum severitatem emendavisset et emancipatis liberis quibus nulla pars successionis paternæ jure antiquo contingebat, bonorum possessionem contrà tabulas tribuisset, noluit duri aliquid et injusti ergà hæredes qui in potestate patris manserant statuere, quum hi suo quæsitorum labore bonorum viderent emancipatos esse participes, qui omne quodcumque et pater dedisset et ipsi peracta emancipatione acquisivissent, retinuissent illibatum.

Collatio, jure Pandectarum, est in hæreditatem paternam illatio rerum propriarum emancipati, cui bonorum possessio promittitur, ita ut dividantur inter hæredes, perinde ac si mortis tempore in familia parentis fuissent.

Quibus casibus debeatur collatio.

Prætor, qui semper ac semper æquitatem postulat, toties collationi locum esse ait quoties aliquo incommodo affectus est filius in potestate retentus, interventu emancipati : cæterum, sì non est incommodum, collatio cessat.

Igitur non debetur collatiocasibus se quentibus :

1° Sì emancipati præteriti interventu, filius suus plus abstulerit, ex bonorum possessione contrà tabulas, quam habuisset ex testamento. Nihil enim emancipatus suo aufert; imò portionem ejus auget. 2° Sì emancipatus institutus est, nec plus aufert ex bonorum possessione contrà tabulas quam ex institutione. Idem est sì emancipatus, sit præteritus et legata meruerit ex judicio patris.

Inter hos dabitur collatio, quibus possessio data est. Ex his autem inter quos collatio fit, alii conferunt aliis confertur.

A quo debeatur collatio.

Emancipatus, ut suprà dixi, veniens ad bonorum possessionem contrà tabulas vel undè liberi, conferre debet.

Is quoque quì in adoptiva familia est, conferre cogitur hoc est non ipse, sed is qui eum habet in potestate sì maluerit contrà tabulas bonorum possessionem accipere.

Sì adoptivus pater, antè bonorum possessionem petitam, adoptivum filium sinè fraude emancipaverit, non cogitur ad collationem.

Dicendum est similem esse eì qui adoptavit, avum quem ex filio emancipato nepotem in potestate habet, sì maluerit nomine nepotis, filii emancipati bonorum possessionem accipere. Si contra paratus sit nepotem emancipare, ut nepotem solum beneficium bonorum possessionis accipiat, conferre non debebit.

Quibus conferri oporteat.

His tantummodò qui in potestate fuerunt conferre jubentur emancipati, et qui eorum interventu in hereditate paternâ aliquo incommodo afficiuntur; collatio fit etiam posthumis sì sui futuri essent, sì vivo patre nati fuissent.

Notandum est emancipatos non tantum fratribus conferre suis sed etiam liberis suis retentis in avi familia, sive petant contra tabulas, sive undè liberi. Emancipatus autem emancipatis non confert; sui autem non conferunt, quia nihil habent quod conferant.

Si emancipatus impuberi qui se filium et in potestate patris dicit, controversiam statu fecerit; ei conferre cogetur, sed exactâ cautione, ab impubere ut victus impuber, sicut hereditatem ita et quæ collata sunt præstet.

Heredibus eorum quibus collatio fit ità conferre oportet sì, bonorum possessione accepta, decesserit is qui in potestate fuerit; si antè acceptam, non confertur.

Quæ conferenda sint.

Ea in medium emancipatus confert quæ in bonis propriis habuit eo tempore quo pater decessit, deducto ære alieno. Confert etiam quod dolo malo fecit quominus possideret; sin autem sine culpa id amisit aut hereditatem sibi delatam spernens, reliquit, collationem non exigemus; nam sibi nocuit emancipatus.

Collationis excipiuntur :

1° Ea quæ filius habuit cum pater moreretur sed postea sine culpa suâ, habere desiit;

2° Ea quæ patri emancipatus non acquisivisset, velut castrense aut quasi castrense peculium ;

3° Emancipatus si dotem habet ab uxore acceptam hoc minus confert, et si ante uxor decesserit ;

4° Excipitur etiam a collatione quidquid emancipatus ad onera dignitatis quam habet, sustinenda accepit ;

5° Si ad actiones transeamus, quædam conferuntur si pecuniæ persequendæ sint, quædam non, veluti injuriarum, magis enim vindictæ quam pecuniæ habet persecutionem; sed si furti habeat actionem, conferre debebit;

6° Emancipati non coguntur conferre acquisita post mortem patris communis, sed ea retinent.

Si tamen nepos, mortuo avo natus, illius bonorum possessionem nomine patris postulat, propriorum bonorum collatio exigitur licet non potest dici mortis tempore avi bona habuisse qui ipse nondùm in rerum natura erat.

Denique quotiescumque aliquid post mortem ejus cujus bonorum possessio petita est, potius retinetur quam acquìritur, hoc conferet emancipatus. Id quoque conferet quod sibi sub conditione debetur; conditio enim impleta, ad initium contractus retroagitur. Aliùd autem est in legato conditionali, quià etsi in potestate fuisset et post mortem patris conditio extitisset, ipse haberet actionem.

Quomodo fiat collatio.

Fit collatio ex edicto prætoris cautione; sed potest re ipsa fieri.

Collatio autem ita facienda est, ut qui bona sua confert, æs alienum debeat deducere.

Ære autem alieno deducto, id quod superest emancipatus in

viriles partes distribuere debet, inter se ipsum et eos quibus conferre tenetur ; sed liberi quibus non confert non computantur.

Notandum est, emancipatum non teneri ex stipulatione, si intrà tempora deliberandi caveat se collaturum.

Evenire potest ut emancipatus ad duas hereditates patris et avi veniens, nihil ex bonis propriis retineat.

Tandem si plures nepotes loco patris succedunt, una pars eis confertur : ipsi enim conferre debent quasi unus omnes essent.

Quomodo quis cogatur huic edicto prætoris satisfacere.

Prætor non sub conditione collationis bonorum possessionem contrà tabulas promittit, sed demonstrat, quid data bonorum possessione fieri oportet. Sed si quis acceptâ bonorum possessione non conferat vel non satisdet intrà præfinitum tempus, in possessionem non mittetur.

Non confert autem (cautione scilicet) vel propter inopiam vel propter contumaciam. Si per inopiam emancipatus cavere non possit, non statim abeo transferenda est possessio ; sed sustinendum est donec possit invenire fidejussores ; uttamen de his quæ mora deteriora futura sint, iis qui in potestate sunt actio detur, ipsique caveant in medium collaturos, si cautum eis fuerit.

Si tanta sit inopia ut omnino cavere non possit, curator portionis ejus constituitur, apud quem refecta pecunia collocetur ut tunc demum recipiat quod redactum est, cum bona propria contulerit.

Quod si per contumaciam actiones denegatæ sint, oblata dein cautione, recipit pristinum jus. Undè Papinianus ait ; nonnunquam prætor variantem non repellit, et consilium mutantis non aspernatur. Sed tamen facilius admittendum putat, si intra tempus delatæ possessionis cautionem offerat : nam post annum quam delata essit bonorum possessio voluntariam moram cautionis admittere difficilius est.

DROIT FRANÇAIS.

DU RAPPORT. — PAR QUI IL EST DU.

Le rapport est la remise réelle ou fictive, que chaque héritier fait à la masse de la succession, des choses qui lui ont été données par le défunt sans préciput.

Je dis *chaque héritier*, ce qui signifie qu'il n'y a que les successibles qui soient soumis au rapport et qu'ils peuvent, par conséquent, se soustraire à cette obligation en renonçant à la succession, sauf la réduction en cas d'excès de la quotité disponible (845).

Le rapport a pour objet de maintenir l'égalité entre tous les héritiers; égalité présumée conforme aux intentions du défunt, mais à laquelle il a le droit cependant de porter atteinte dans la limite de la quotité disponible, par des dispositions par préciput. C'est en cela surtout que le Code s'est écarté des coutumes, dont la plupart n'admettaient pas les libéralités par préciput, et déclaraient incompatibles les qualités de légataire et d'héritier.

L'article 843, concernant les legs, paraît difficile à justifier; il eût été bien plus naturel de les regarder comme dispensés de plein droit du rapport; c'est assez mal interpréter, selon nous, la volonté du testateur, que de supposer qu'il subordonne le maintien d'une libéralité, qui d'ailleurs serait inefficace, au refus de sa succession; le Code, tel qu'il est, ne nous paraît pouvoir s'expliquer que par l'influence des anciennes coutumes.

Le mot rapport, dont le sens grammatical implique l'idée de quelque chose que l'on a reçu, convient lorsqu'il s'agit de donations entre vifs. Aussi n'est ce qu'improprement et par brièveté de langage qu'on l'emploie encore relativement aux dispositions testamentaires.

Le rapport est dû par tout héritier (843), c'est-à-dire qu'il soit direct ou collatéral, pur et simple, ou bénéficiaire; mais cet héritier doit être personnellement donataire, ou venir par représentation des donataires (848, 849).

La disposition finale de l'article 848 qui oblige le fils venant à la succession du donataire par représentation de son père, à rapporter tout ce qui aurait été donné à ce dernier, lors même qu'il aurait répudié sa succession, me paraît bien rigoureuse;

On ne peut guère l'expliquer que par la fiction qui met le représentant entièrement aux lieu et place du représenté; et il faut convenir que le rapport destiné à maintenir l'égalité, présente ici une inégalité bien choquante vis-à-vis du petit-fils ou du neveu, obligé de rapporter à la succession de son aïeul ou oncle ce qu'il n'a pas reçu, et qui n'a été reçu que par une succession à laquelle il est resté étranger en la répudiant.

A QUI, ET A QUELLE SUCCESSION EST DU LE RAPPORT?

Le rapport n'est dû qu'à la succession du donateur (850) et jamais à celle de son héritier.

Le rapport n'est dû qu'aux héritiers, car c'est dans leur intérêt seul, et en vue d'égalité dans le partage, qu'il est établi.

De là résulte qu'il ne peut être invoqué par les créanciers de la succession, du moins de leur chef, ni par les légataires.

Pour les créanciers de la succession, ou la donation est antérieure à leur créance, et alors ils n'ont jamais dû compter sur un bien qui n'appartenait plus à leur débiteur, ou elle est postérieure, et alors ils doivent s'imputer de n'avoir pas pris de sûretés, sauf toutefois l'action révocatoire en cas de fraude.

Les créanciers de l'héritier, au contraire, ayant tous les droits de leur débiteur en vertu de l'article 1166, peuvent exiger le rapport du chef des héritiers leurs débiteurs ; dès lors, en vertu du même principe, les créanciers de la succession devenant créanciers personnels de l'héritier, par suite de son acceptation pure et simple, auront aussi le droit de demander le rapport, contrairement à ce que semble impliquer l'article 857 ; c'est qu'en effet, en le prenant à la lettre, cet article présente peu de sens et ne reçoit d'effet que dans le cas où la succession a été acceptée sous bénéfice d'inventaire.

Les légataires, sans avoir le droit de se faire payer sur les objets rapportés, peuvent toutefois exiger l'imputation sur la réserve des donations faites par l'auteur à ses héritiers, sans clause de préciput, à l'effet d'établir que les dispositions testamentaires n'excèdent pas la quotité disponible. Car, sans cela, un père qui aurait disposé au profit d'un de ses enfants à titre d'avancement d'hoirie, se trouverait, contre son attente, dans l'impossibilité de récompenser des services importants qui lui auraient été rendus.

Maintenant, si l'on compare les créanciers de la succession avec les légataires, on voit que la position des premiers est plus favorable, car l'héritier n'est tenu de faire la délivrance des legs, que jusqu'à concurrence de ce qui reste de l'hérédité après l'acquittement du passif.

Cette observation suffit pour faire comprendre que l'expression rapport ne peut s'appliquer, dans l'article 857, qu'aux donations entre vifs et non pas aux legs.

DE QUOI SE COMPOSE LE RAPPORT ?

Règle générale : l'héritier doit rapporter tout ce qu'il a reçu du défunt à titre gratuit, directement ou indirectement, et il ne peut réclamer les legs s'il n'y a clause de préciput.

Il y aura lieu à rapport toutes les fois que le donateur n'aura pas stipulé d'une manière claire et énergique la dispense du rapport. Cette dispense doit être faite par l'acte même de libéralité ou par acte postérieur, dans la forme des donations et testaments (918). Cependant, dans un cas, le Code présume la dispense de rapport dans l'intention du donateur, quoiqu'il ne l'ait pas expressément prononcée. C'est lorsque, dans un partage anticipé, un ascendant attribue à l'un ou plusieurs de ses enfants ou descendants, de plus fortes parts qu'aux autres (1075).

L'action en rescision contre ce partage n'est admise que quand il y a lésion de plus du quart ou avantage pour l'un des co-partagés, plus grand que ne le permet la loi. Si donc l'avantage reçu par le copartagé ne peut donner lieu à rescision, il sera dispensé de le rapporter, et, en effet, comment rapporter sans rescinder le partage que l'ascendant a, du reste, manifesté la volonté d'assurer irrévocablement en le faisant par anticipation.

La donation est directe quand elle est faite avec les formalités légales ; elle est indirecte lorsqu'on n'observe pas les formes voulues pour sa validité ; lorsqu'on la déguise sous la forme d'un contrat onéreux, et mille autres formes diverses, telles qu'un don manuel, une remise de dette, etc.

Sont dispensés implicitement du rapport, à part même l'intention du donataire :

1° Les frais et dépenses énumérés par l'article 852, et, en général, tout ce qui peut être considéré avoir été pris sur le revenu et non sur le capital ;

2° Tous les fruits des choses sujettes à rapport, échus ou perçus jusqu'à l'ouverture de la succession. On présume que le donateur les aurait dépensés et que la succession n'en serait pas plus opulente, ou encore que le donataire n'a eu d'intérêt à accepter la donation, qu'à la condition de ne pas rapporter les fruits.

COMMENT S'OPÈRE LE RAPPORT, QUELS SONT SES EFFETS?

Le rapport se fait en nature ou en moins prenant. En nature, par la réunion effective de l'objet donné à la masse de la succession ; en moins prenant, lorsque, après avoir fictivement ajouté à la masse la valeur de l'objet donné, et déterminé, d'après cette addition, la part de chaque héritier, l'héritier donataire tient compte sur la sienne de cette valeur.

Le rapport en nature ne s'applique qu'aux immeubles et peut toujours être exigé, sauf les cas suivants :

1° Lorsque l'immeuble ayant péri par la faute du donataire, il lui est impossible de le rapporter en nature;

2° Quand le donateur a dispensé de ce mode de rapport;

3° Lorsque l'immeuble a été aliéné avant l'ouverture de la succession.

Le maintien de la validité des aliénations faites par le donataire, nous paraît difficile à expliquer, lorsque nous voyons, d'autre part, le législateur frapper de nullité d'autres actes de même nature, c'est-à-dire les constitutions d'hypothèques et servitudes; qui peut aliéner peut d'ordinaire hypothéquer ; pourquoi trouvons-nous ici une exception à ces principes si simples ? Nous avouons n'en avoir pas aperçu une seule raison satisfaisante; si ce n'est, comme l'ont prétendu certaines personnes, le désir de favoriser la circulation des immeubles.

4° Enfin, quand il y a dans la succession d'autres immeubles de même nature, valeur et bonté, pouvant entrer dans la même proportion dans les lots des autres cohéritiers.

Lorsque le rapport doit se faire en nature, le donataire est debiteur d'un corps certain ; par conséquent, il est libéré de l'obligation du rapport de l'immeuble péri par cas fortuit sans sa faute.

Lorsqu'il doit se faire en moins prenant, par suite d'une aliénation, l'héritier (860) est débiteur de la valeur de l'immeuble à l'époque de l'ouverture de la succession, et se trouve également libéré de son obligation dans le cas de perte par cas fortuit avant cette ouverture, lors même qu'il aurait touché le prix de la vente; car la succession aurait également souffert cette perte, si l'immeuble n'avait pas cessé d'appartenir au donateur. Quel que soit le mode du rapport, il doit être tenu compte par ou envers le donataire, des dégradations ou améliorations de l'immeuble, provenant de son fait ou de celui des tiers-acquéreurs : il a pour les améliorations un droit de rétention (867). Ces améliorations consistent en impenses nécessaires qui, ayant pour objet la conservation de l'immeuble, doivent être intégralement remboursées, et en impenses utiles, dont on tient compte au donataire jusqu'à concurrence de l'augmentation de valeur de l'immeuble.

RAPPORT EN MOINS PRENANT.

Il s'applique aux immeubles dans les cas seulement que nous venons d'énoncer. Quant aux meubles, ils doivent toujours être rapportés en moins prenant.

Pourquoi cette différence? On donne pour raison la dépréciation journalière habituelle, difficile à estimer, des meubles; la facilité de les changer, et, par suite, les difficultés qui pourraient naître au sujet de leur rapport en nature. Le rapport se fait alors sur le pied de la valeur du mobilier, au moment de la donation (868). Mais cette raison, bonne quand il s'agit de meubles corporels, n'a plus de force au sujet des meubles incorporels, tels que rentes, actions de compagnies de finances et d'industrie, etc., qui ne se détériorent pas par l'usage; le Code, à notre avis, et nous le regrettons, n'a pas fait cette distinction, admise cependant par plusieurs jurisconsultes éminents. Nous croyons que le mot *mobilier* étant placé en opposition aux *immeubles* dans l'article précédent, doit être pris en général et dans son sens le plus étendu.

Les effets du rapport en nature et en moins prenant ne sont pas les mêmes. Dans le premier, les biens rentrent dans la masse de la succession, francs et quittes de toutes charges créées par le donataire, sauf cependant le cas d'aliénation, qui, ainsi que nous l'avons vu plus haut, dispense le donataire de rapporter en nature ; et, à ce sujet, on pourrait demander pourquoi les créanciers hypothécaires ne sont pas aussi bien traités que les tiers-acquéreurs, et si l'on ne trouverait pas pour le maintien de leurs hypothèques les mêmes motifs d'ordre public et social, que pour le maintien des aliénations.

Dans le rapport en moins prenant, l'immeuble donné reste entre les mains du donataire ou des tiers-acquéreurs, et les charges de cet immeuble sont conservées.

Ils ont un effet commun : c'est que les fruits des choses rapportables, soit en nature, soit en moins prenant, sont dus à compter du jour de l'ouverture de la succession.

RÉDUCTION DES DONATIONS ET LEGS (920 A 930).

PAR QUI ELLE PEUT ÊTRE DEMANDÉE.

L'établissement d'une réserve au profit de certains héritiers a amené, comme conséquence, l'action en réduction, lorsque les libéralités entre-vifs ou testamentaires dépassent cette réserve.

La réduction est le retranchement opéré sur les dispositions, soit entre vifs, soit testamentaires, de tout ce qui excède la quotité disponible, afin de parfaire la réserve.

Par la raison que la réserve n'a été établie qu'au profit de certains héritiers, il n'y a qu'eux et leurs héritiers et ayant-cause qui aient le droit d'intenter cette action en réduction (921). Néanmoins, on distingue entre la réduction des donations entre vifs et des dispositions testamentaires.

Pour les premières, les donataires, les légataires et créanciers du défunt, ne peuvent demander leur réduction ni en profiter; à moins, cependant, pour les créanciers, que l'un ou plusieurs des héritiers à réserve n'aient accepté purement et simplement la succession; car alors, devenus leurs créanciers personnels, ils peuvent agir en vertu de l'article 1166 ; quant à la réduction des dispositions testamentaires, elle peut être demandée par les créanciers du défunt aussi bien que par les héritiers à réserve, car les légataires ne peuvent rien réclamer quand il n'y a pas de quoi acquitter les dettes.

Les dispositions excédant la quotité disponible ne sont réductibles à cette quotité que lors de l'ouverture de la succession, car ce n'est qu'à cette époque qu'on a pu fixer cette quotité par le nombre et la qualité des héritiers réservataires.

COMMENT S'OPÈRE LA RÉDUCTION.

D'après l'article 922, pour opérer la réduction, on forme une masse générale, comprenant tous les biens qui composeraient la succession du défunt, s'il n'avait fait aucune libéralité. Cette masse se diminue du montant des dettes, et c'est seulement sur ce qui reste net que l'on calcule la quotité disponible.

Mais, observons que la loi, qui semble prescrire la déduction des dettes sur la masse générale, ne doit pas être suivie à la lettre, quand la somme des dettes surpasse l'actif de la succession, car les donataires profiteraient alors des dettes contractées par le donateur, depuis la donation. Il convient donc de faire la déduction des dettes avant la réunion fictive des biens donnés.

Contrairement à ce qui a lieu en cas de rapport, le Code, lorsqu'il s'agit de réduction, ne fait plus de distinction entre les meubles et les immeubles, pour le moment où il s'agit de calculer leur valeur ; on estime les meubles, comme les immeubles, à leur valeur au moment du décès du donateur ; c'est qu'on a considéré que la position d'un donataire qui a dû se croire propriétaire, méritait plus d'égards que celle d'un héritier, qui ne reçoit jamais que sous la condition tacite de rapporter; le donataire ne s'attendait pas à la réduction, tandis que l'héritier a dû s'attendre au rapport; l'héritier donataire soumis au rapport, peut s'en dispenser en renonçant à la succession ; le donataire ne peut se soustraire à la réduction.

La faculté de disposer n'a cessé, pour le défunt, qu'au moment où il a dépassé la quotité disponible ; il en résulte :

1° Que les dispositions testamentaires étant les dernières, sont celles qui ont dû les premières entamer la réserve ; elles doivent donc être réduites avant les dispositions entre vifs, et deviennent caduques lorsque la valeur des donations entre vifs égalera ou excèdera la quotité disponible ; décider autrement eût été un moyen pour le donataire de révoquer des donations essentiellement irrévocables ;

2° Que les dispositions testamentaires ne se trouvant fixées et ne recevant d'effet que par la mort du testateur, se trouvent par conséquent naître ensemble, et se réduisent au marc le franc (926) lorsqu'il n'y a lieu qu'à leur réduction partielle, sans qu'aucun legs, même universel, ait cause de préférence, à moins cependant (927) que le défunt n'ait exprimé la volonté de faire acquitter tel legs de préférence aux autres, volonté suivie alors dans la limite de la quotité disponible ;

3° Qu'enfin, lorsqu'il y a lieu de réduire les donations entre vifs, parce qu'elles entament la réserve, la réduction s'opère d'abord sur les plus récentes, en remontant ainsi successivement de la plus récente aux plus anciennes, jusqu'à ce qu'on ait parfait la réserve. Par faveur pour la possession antérieure, lorsque la donation entre vifs a été faite à l'un des successibles, il peut, s'il accepte la succession, cumuler sa réserve et la portion disponible, et les imputer l'une et l'autre sur les biens donnés, dans le cas où il en existe d'autres de même nature dans la succession (924).

Lorsqu'il n'en existe pas de même nature, le rapport de l'excédant de la quotité disponible se fait en nature, si le retranchement de cet excédant est facile à opérer ; dans le cas où cette division sur un immeuble sujet à réduction serait impossible ou incommode, si l'excédant est de plus de la moitié de la valeur de l'immeuble, le donataire doit rapporter l'immeuble en totalité, sauf à prélever sur la masse la valeur de la portion disponible ; si cette portion excède la moitié de la valeur de l'immeuble, le donataire peut retenir l'immeuble en totalité, sauf à moins prendre et à récompenser ses co-héritiers en argent ou autrement (866).

EFFETS DE LA RÉDUCTION.

La réduction doit, en général, remettre la succession dans le même état que si la quotité disponible n'avait pas été excédée.

Par l'effet de la réduction, les immeubles à recouvrer ou à réduire, rentrent dans l'hérédité francs de toutes charges et hypothèques créées par le donataire, et, de plus ici, contrairement à ce qui a lieu en cas de rapport, on a préféré, en cas d'aliénation, le droit des réservataires à celui des tiers-acquéreurs. Ainsi, si les immeubles ont été aliénés par les donataires (930), les tiers détenteurs sont passibles de l'action en réduction ou revendication, de la même manière et dans le même ordre que les donataires eux-mêmes ; toutefois, afin d'atténuer cette mesure rigoureuse pour les tiers acquéreurs, les héritiers réservataires ne pourront les poursuivre qu'après avoir discuté les biens des donataires qui ont aliéné.

Quant aux fruits des biens soumis à la réduction, ils doivent être restitués à compter du jour du décès du donateur, si la demande en réduction a été faite dans l'année, sinon du jour de la demande. En effet, dans ce dernier cas, le donataire a pu croire qu'il y avait dans la succession assez de biens pour compléter la réserve, il a donc dû gagner les fruits comme tout possesseur de bonne foi.

L'action en réduction dirigée contre les donataires et contre les héritiers, est personnelle, et se prescrit en conséquence par trente ans, à partir du jour du décès du donateur. L'action en revendication au profit du tiers-acquéreur possédant en vertu d'un juste titre, se prescrit par dix ou vingt ans à partir de cette même époque.

DIFFÉRENCES ENTRE LA RÉDUCTION ET LE RAPPORT.

Si l'on cherche à rapprocher le rapport et la réduction, on voit qu'ils s'excluent complètement l'un l'autre, et qu'ils présentent de nombreuses différences.

Ainsi, le rapport peut être exigé par tout héritier ; la réduction ne peut avoir lieu qu'à la requête des héritiers réservataires. L'héritier seul est soumis au rapport ; l'action en réduction peut être dirigée contre tout donataire, et même contre les tiers détenteurs.

Le donataire peut être dispensé du rapport, mais non de la réduction. « La renonciation du successible à sa qualité d'héritier, le dispense du rapport, mais ne le soustrait pas à l'action en réduction. » En matière de rapport, le donataire doit les fruits à partir de l'ouverture de la succession ; dans le cas de réduction, il en est de même, si la demande a été formée dans l'année, à partir de l'ouverture de la succession ; mais après ce délai, ils ne sont dus qu'à partir du jour de la demande.

L'époque où l'on évalue la valeur de l'objet mobilier donné, varie suivant qu'il est passible de la réduction ou du rapport.

QUESTIONS.

1° Les dons ou legs remunératoires sont-ils sujets au rapport? — Oui.

2° La donation déguisée faite sous la forme d'un contrat à titre onéreux, est-elle sujette à rapport? — Oui.

3° L'article 868 s'applique-t-il aux meubles incorporels? — Oui.

4° Faut-il conclure de l'article 924 que l'héritier renonçant a droit à la réserve? — Non.

5° Doit-on comprendre dans la masse, pour déterminer la quotité disponible, les sommes données entre vifs à un donataire devenu insolvable? — Non.

6° Doit-on, pour la réduction des donations entre époux pendant le mariage, suivre l'ordre des dates? — Oui.

7° A quelle époque, lorsqu'il s'agit de réduction, doit-on estimer la valeur des meubles fongibles? — A l'époque de la donation.

www.ingramcontent.com/pod-product-compliance
Lightning Source LLC
Chambersburg PA
CBHW061524040426
42450CB00008B/1784